¡HORA DE GIMNASIA!

por Brendan Flynn

BUMBA BOOKS™ en español

EDICIONES LERNER ◆ MINNEAPOLIS

Nota para los educadores:

En todo este libro, usted encontrará preguntas de reflexión crítica. Estas pueden usarse para involucrar a los jóvenes lectores a pensar de forma crítica sobre un tema y a usar el texto y las fotos para ello.

ediciones Lerner
Una división de Lerner Publishing Group, Inc.
241 First Avenue North
Mineápolis, MN 55401, EE. UU.

Si desea averiguar acerca de niveles de lectura y para obtener más información, favor consultar este título en www.lernerbooks.com

Library of Congress Cataloging-in-Publication Data

Names: Flynn, Brendan, 1968– author.
Title: ¡Hora de gimnasia! / por Brendan Flynn.
Description: Minneapolis : ediciones Lerner, [2017] | Series: Bumba Books en español — ¡Hora de deportes! | Text is in Spanish. | "Título original: Gymnastics Time!"—T.p. verso. | "La traducción al español fue realizada por Annette Granat"—T.p. verso. | Includes bibliographical references and index. | Audience: Ages: 4–8. | Audience: Grades: K to Grade 3.
Identifiers: LCCN 2016025466 (print) | LCCN 2016033595 (ebook) | ISBN 9781512428735 (lb : alk. paper) | ISBN 9781512429855 (pb : alk. paper) | ISBN 9781512429862 (eb pdf)
Subjects: LCSH: Gymnastics—Juvenile literature. | Gymnastics—Miscellanea—Juvenile literature.
Classification: LCC GV461.3 .F62 2017 (print) | LCC GV461.3 (ebook) | DDC 796.44—dc23

LC record available at https://lccn.loc.gov/2016025466

Fabricado en los Estados Unidos de América
1 – VP – 12/31/16

Expand learning beyond the printed book. Download free, complementary educational resources for this book from our website, www.lerneresource.com.

Tabla de contenido

Diviértete con la gimnasia

La gimnasia es un deporte

interior divertido.

A los niños de todas las edades

les gusta practicar.

No necesitas tu propio equipo.

Puedes hacerte miembro

de un club.

Tu escuela también puede tener

el equipo necesario.

Necesitas ropa cómoda.

También necesitas

una colchoneta.

Algunos gimnastas

también usan música.

¿Por qué puede ser útil la ropa cómoda?

Comienza por hacer ejercicios

de calentamiento.

Estirarse es importante.

Debes ser flexible y fuerte.

¿Por qué debes ser flexible?

Puedes practicar dando volteretas

en las colchonetas.

Puedes caminar en la barra

de equilibrio.

Los niños mayores

saltan desde el salto.

Se balancean

de las barras.

¡Vuelan alto en el aire!

La seguridad es importante.

Un observador ayuda con

los movimientos difíciles.

**¿Cómo ayuda
un observador
con la seguridad?**

Puedes ver programas de gimnasia en la televisión. Algunas escuelas tienen sus propios equipos.

JANSSEN·FRITSEN

Los niños se divierten

practicando gimnasia.

Es una gran manera de

mantenerse en forma.

Equipo de gimnasia

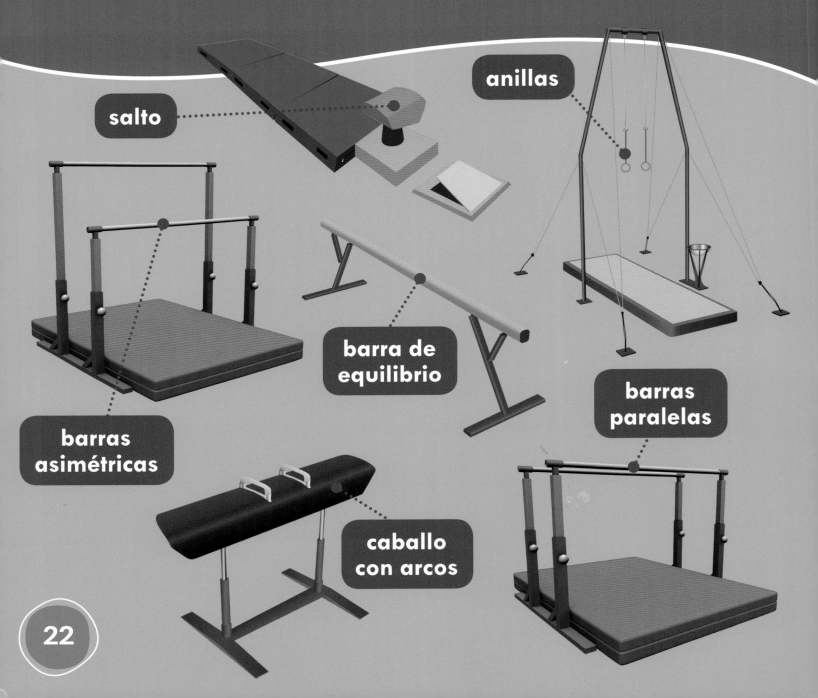

salto

anillas

barras asimétricas

barra de equilibrio

barras paralelas

caballo con arcos

Glosario de las fotografías

barra de equilibrio

una pieza de madera estrecha en que los gimnastas presentan su acto

flexible

que puede doblarse fácilmente

observador

una persona que ayuda con movimientos difíciles

salto

una pieza de equipo en que los gimnastas rebotan y saltan de

23

Índice

Leer más

Borth, Teddy. *Gymnastics: Great Moments, Records, and Facts.* Minneapolis: Abdo Kids, 2015.

Karapetkova, Holly. *Gymnastics.* Vero Beach, FL: Rourke, 2010.

Morey, Allan. *Gymnastics.* Minneapolis: Bullfrog Books, 2015.

Crédito fotográfico